BEI GRIN MACHT SICH IHR WISSEN BEZAHLT

- Wir veröffentlichen Ihre Hausarbeit,
  Bachelor- und Masterarbeit

- Ihr eigenes eBook und Buch -
  weltweit in allen wichtigen Shops

- Verdienen Sie an jedem Verkauf

Jetzt bei www.GRIN.com hochladen und kostenlos publizieren

Martin Polifke

Enterprise Content Management-Systeme

GRIN Verlag

Bibliografische Information der Deutschen Nationalbibliothek:

Die Deutsche Bibliothek verzeichnet diese Publikation in der Deutschen National-
bibliografie; detaillierte bibliografische Daten sind im Internet über http://dnb.d-
nb.de/ abrufbar.

Impressum:

Copyright © 2005 GRIN Verlag GmbH
Druck und Bindung: Books on Demand GmbH, Norderstedt Germany
ISBN: 978-3-656-02933-5

Dieses Buch bei GRIN:

http://www.grin.com/de/e-book/72936/enterprise-content-management-systeme

GRIN - Your knowledge has value

Der GRIN Verlag publiziert seit 1998 wissenschaftliche Arbeiten von Studenten, Hochschullehrern und anderen Akademikern als eBook und gedrucktes Buch. Die Verlagswebsite www.grin.com ist die ideale Plattform zur Veröffentlichung von Hausarbeiten, Abschlussarbeiten, wissenschaftlichen Aufsätzen, Dissertationen und Fachbüchern.

Besuchen Sie uns im Internet:

http://www.grin.com/

http://www.facebook.com/grincom

http://www.twitter.com/grin_com

Fachhochschule Dortmund
University of Applied Sciences

Fachbereich Wirtschaft

Enterprise Content Management Systeme

Projektarbeit

von

Martin Polifke

Sommersemester 2006

Inhaltsverzeichnis

Abbildungsverzeichnis

Abkürzungsverzeichnis

AIIM .... Association for Information and Image Management
CMS .... Content Management System
DTD .... Document Type Definition
ECMS .... Enterprise Content Management System
EDI .... Electronic Data Interchange
FAQ .... Frequently Asked Questions
GIF .... Graphics Interchange Format
HTML .... Hypertext Markup Language
ICE .... Information and Content Exchange Protocol
LAN .... Local Area Network
PDF .... Portable Document Format
RM .... Records Management
RSS .... Rich Site Summary
WCMS .... Web Content Management System
XML .... Extensible Markup Language

1. Einführung

„Obwohl wir weiterhin davon überzeugt sind, in einer Industriegesellschaft zu leben, sind wir in Wirklichkeit auf dem Weg zu einer Gesellschaft, die auf Erstellung von Informationen und deren Verbreitung basiert."[1]

Auch Unternehmen die nicht reine Medienhäuser sind, setzen verstärkt auf das Management der Informationen und der Inhalte innerhalb und ausserhalb des Unternehmens – den Enterprise Content Management Systemen.

Der Autohersteller BMW beispielsweise, verwaltet nun sein britisches Internetportal mit der Web Content Management Komponente von Vignette®.[2] Aber nicht nur webbasierte Problemlösungen lassen sich mit Enterprise Content Management Systemen bewältigen. Im Weiteren soll gezeigt werden, für welche Aufgaben diese Systeme ausgelegt sind, wie die Auswahl und Implementierung erfolgt, wie die Funktionsabläufe aufgebaut sind und auf welchen Einsatzgebieten sie zum Tragen kommen. Außerdem werden noch die Kosten der Implementierung sowie die Potentiale herausgestellt.

---

[1] John Naisbitt (*1930), amerik. Prognostiker

[2] vgl. Vignette®, http://www.vignette.com/de/de/customers/1,7148,,00.html, Stand 17.04.2006

2. Definition

Content Management-Systeme

Zur Definition des Begriffes Enterprise Content Management-Systeme (im Weiteren ECMS), muss zuerst die Positionierung dieses Begriffes im gesamten Content Management-Systems (CMS) herausgearbeitet werden.

Der Begriff „**Content**" leitet sich aus dem Englischen ab und bezieht sich auf den eigentlichen „Inhalt". Jedoch ist bei diesem, recht breit gefächerten, Begriff zu beachten, dass ein Content immer im Zusammenhang mit den Meta-Informationen steht. Die Meta-Informationen dienen der Verwaltung und der Kontrolle des Contents.[3]

Diese Verknüpfung von Inhalt und Meta-Informationen dienen bei der praktischen Realisierung des Content Management zur Trennung von Struktur (Definition der Einzelinformationen und Anordnung der Informationen), Darstellung (Formatierungen und Layout) und den Kerninhalten (den Rohdaten).[4]

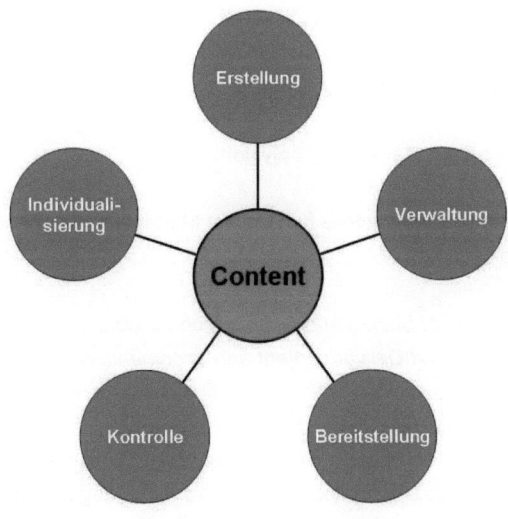

Abbildung 1: Aufgaben des CMS

---

[3] vgl. Kampffmeyer, U., Enterprise Content Management – zwischen Vision und Realität; Whitepaper, (2003) (Verfügbar auf: http://www.project-consult.net/files/ECM_Whitepaper_20031027.pdf), S. 6

[4] vgl. Abts, A. et al.; Grundkurs Wirtschaftsinformatik, in Vieweg, Braunschweig et al., 4. Auflage, 2002, S. 199

Das **Content Management System** hingegen hat die übergreifende Aufgabe, die Inhalte durch externe Programme oder aber auch direkt zu erstellen, zu verwalten, die Inhalte zu präsentieren oder auch zu verteilen, die Inhalte zu kontrollieren und zu individualisieren.[5]

CMS wird bei einer sehr contentbezogenen Sichtweise auch als Content Syndication bezeichnet. Diese starke Orientierung am eigentlichen Inhalt dient also der kundenorientierten Vermarktung fremdbezogener Inhalte von externen Content Providern.[6] Das CMS lässt eine weitere Ausprägung in das Enterprise Content Management und in das Web Content Management zu[7].

Web Content Management-Systeme

WCMS dienen der einheitlichen Verwaltung von Inhalten im World Wide Web. Dazu werden Systeme in Form von Internetseiten oder Portalen für offene Benutzergemeinschaften implementiert. Der Sinn solcher Systeme ist die Überwindung von Code-gebundener und damit auch arbeits-, und zeitintensiver Bearbeitung der Seiten mit Hilfe von Internet-Formaten wie HTML, XML, GIF und anderen. Das WCMS hat eine intensive Ausrichtung auf Dynamisierung von Webseiten.[8]

Enterprise Content Management-Systeme

Die internationale Dienststelle für Content Management AIIM International definiert ECM wie folgt:

"Enterprise Content Management is the technologies used to Capture, Manage, Store, Preserve, and Deliver content and documents related to organizational processes."[9]

ECM ist also die Technologie die zur Erfassung (Capture), Verwaltung (Manage), Speicherung (Store), Ausgabe (Deliver) und Sicherung (Preserve) von Inhalten und Dokumenten in zugehörigen organisatorischen Prozessen verwandt wird.

---

[5] vgl. Kampffmeyer, a.a.O., S. 7

[6] vgl. Christ, O., Content-Management in der Praxis, in Springer-Verlag, Berlin, Auflage nicht bekannt, 2003, S 43

[7] vgl. Gröner, U.; Integrierte Standardsoftware I; Vorlesungsskript SS2006 S.54

[8] vgl. Kampffmeyer, a.a.O., S. 8

[9] vgl AIIM - The Enterprise Content Management Association, http://www.aiim.org/, Stand 26.03.2006

ECMS ist der Ansatz, alle Informationen eines Unternehmens durch eine einheitliche Plattform im Unternehmen z.b. auf Basis des Business to Employee (B2E) bereitzustellen (Intranet), angegliederte Unternehmen im Rahmen des Business to Business (B2B) mit Content zu versorgen (Extranet) oder auch den externen Bereichen Inhalte bereitzustellen (Internet). Dabei bedient sich das ECMS Informationstechnologien wie dem Dokumentenmanagement, dem Workflow-Management und dem Knowledgemanagement.[10] Diese Aufzählung ist nicht abschließend, es ist denkbar, dass weitere Verfahren ergänzt werden.

---

[10] vgl. Kampffmeyer, a.a.O., S. 11

3. Leistungsumfang

3.1. Aufgaben

Laut der Definition der internationalen Dienststelle für Content Management AIIM verbinden die Capture, Manage, Store, Deliver und Preserve Komponenten die eigentlichen Anwendungsfelder. Die eigentlichen Aufgabengebiete des ECMS sind das Document Management, der Einsatz von unterstützenden Systemen und Groupware, das WCM (siehe 2. Definition), die Archiv und Ablageverwaltungssysteme sowie das Workflowmanagementsystem.[11]

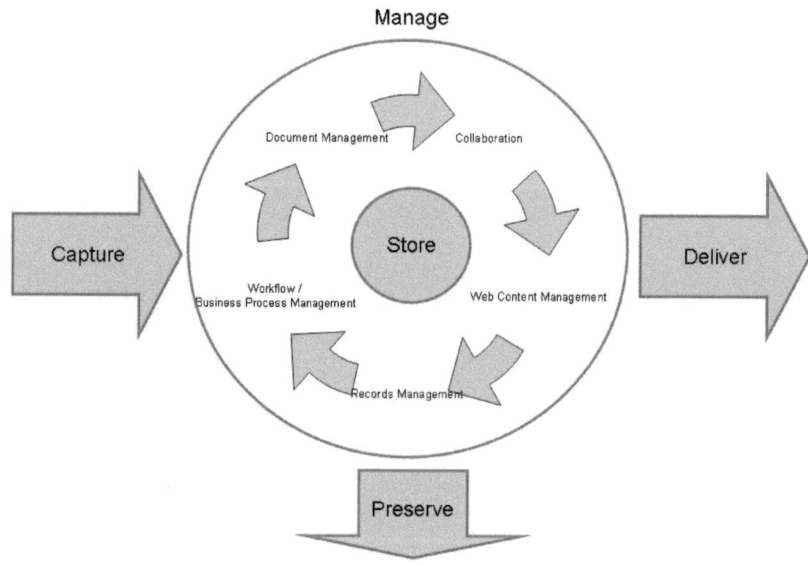

Abbildung 2: Komponenten von Enterprise Content Management[12]

3.1.1. Document Management

Das Archiv- und Dokumentenmanagement ermöglicht eine langfristige Aufbewahrung auf externen Datenträgern mit der Aufgabe, den Benutzern ein schnelles Wie-

---

[11] vgl. Kampffmeyer, a.a.O., S. 16

[12] ebenda, S. 15

derfinden der abgelegten Dokumente zu gewährleisten.[13] Dokumente sind also Objekte, die bei der rechnergestützten Text- Präsentations-, Tabellen-, Grafik und Datenverarbeitung entstehen, im Unternehmensprozess bearbeitet werden und abschließend abgelegt bzw. archiviert werden.[14] Der Unterschied zu dieser allgemeinen Beschreibung und dem im ECMS verwendeten Document Management ist die Ausrichtung auf den Lebenszyklus des Content, von der Entstehung bis zur Archivierung.[15]

3.1.2. Collaboration

Collaboration meint im ECMS die Zusammenarbeit der Benutzer. Dabei geht jedoch die Collaboration über die Groupware hinaus, indem auch das Knowledge Management einbezogen wird.[16]

Das Knowledge Management oder auch Wissensmanagement dient zur Erschließung und Nutzung des Wissens im Unternehmen. *„Den gesamten Prozess zur systematischen Gewinnung, Strukturierung, Darstellung, Verteilung, Suche und Speicherung von Wissen bezeichnen wir als Wissensmanagement[17]."*

Groupware Systeme dienen der Unterstützung von Teamarbeit. Die Unterstützung erfolgt durch die Zusammenführung von räumlich verteilten Teams, wobei die gemeinsame Texterstellung und Kommentierung, die Organisation von Terminen und der elektronische Austausch durch Ermöglichung von elektronischen Konferenzen die wesentlichen Vorteile sind.[18]

3.1.3. Web Content Management

Das ECMS wird u.a. durch das Web Content Management von den Content Management Systemen abgehoben. Wie bereits erwähnt (siehe 1. Definition), dient das

---

[13] vgl. Abts, A. et al.; Grundkurs Wirtschaftsinformatik, in Vieweg, Braunschweig et al., 4. Auflage, 2002, S. 180

[14] vgl. Alpar, P. et al., Anwendungsorientierte Wirtschaftsinformatik, in Vieweg, Wiesbaden, 4. Auflage, 2005, S. 401

[15] vgl. Kampffmeyer, a.a.O., S. 21

[16] ebenda, S. 21

[17] vgl. Abts, et al., a.a.O., S. 194

[18] vgl. Alpar, et al., a.a.O., S. 408

WCM der Bereitstellung des Content im Internet oder Extranet oder auch auf Portalen.[19]

3.1.4. Records Management

Archivierungssysteme kommen häufig zum Einsatz, wenn mit Hilfe von elektronischer Bildverarbeitung, Dokumente eingescannt und in ein Bildformat umgewandelt werden müssen.[20] Jedoch besteht der Unterschied beim Records Management (im weiteren RM) zu den traditionellen Archivierungssystemen in der reinen Verwaltung von wichtigen Informationen. Dabei ist das RM Speichermedien-unabhängig. Das heißt, dass auch nicht in elektronischen Systemen gespeicherte Informationen vom RM verwaltet werden.[21]

3.1.5. Workflow / Business Process Management

Workflowmanagement bezeichnet die elektronische Vorgangsbearbeitung, bei dem das System den Arbeitsfluss zwischen den verschiedenen Aufgabenträgern elektronisch steuert. Bei diesem Arbeitsfluss werden jedoch nicht die Aufgaben an den Arbeitsplätzen bis ins Detail geregelt.[22] Gegenstand dieser Vorgangsbearbeitung sind Dokumente, die nach Beendigung eines Arbeitsvorganges ohne Zeitverzögerung an die entsprechend sinnvolle nächste Stelle weitergereicht werden.[23]

Dabei zeigt das Workflowmanagement außerdem Ablauf- und Aufbauorganisationsstrukturen auf. Innerhalb des Workflows findet der Empang, das Verwalten, Visualisieren und Weiterleiten von Informationen in Form von Dokumenten oder Daten statt. Dabei integriert das Workflowmanagement Bearbeitungswerkzeuge für Daten und Dokumente. Solche Werkzeuge können Fachanwendungen oder Microsoft® Office Produkte sein. Dabei ist ein paralleles Bearbeiten von Vorgängen durch mehrere Nutzer möglich. Das Workflowmanagement regelt außerdem die Verwaltungsfunktio-

---

[19] vgl. Kampffmeyer, a.a.O. S 22

[20] vgl. Alpar, et al., a.a.O., S. 402

[21] vgl. Kampffmeyer, a.a.O., S. 22

[22] vgl. Abts, et al., a.a.O., S. 186 ff.

[23] vgl. Gröner, a.a.O., S. 53

nalität wie z.B. die Fristenkontrolle. Den Beteiligten ist es außerdem jederzeit möglich, Bearbeitungsstände und Ergebnisse im Workflow einzusehen.[24]

Business Process Management unterscheidet sich vom Workflowmanagement durch *„die vollständige Integration aller betroffenen Anwendungen in einem Unternehmen mit Kontrolle der Prozesse und Zusammenführung aller benötigten Informationen*[25]*"*.

Ein Beispiel für Workflowmanagement sind die Abläufe in der „Vereinigte Hannoversche Versicherung". Die Versicherung muss täglich ca. 50.000 Schriftstücke an die entsprechenden Geschäftsstellen und an die zuständigen Sachbearbeiter verteilen. Ohne entsprechende technische Unterstützung wäre solch ein Aufkommen nur durch massiven Personaleinsatz realisierbar.[26]

3.1.6. Capture

Bei der Capturekomponente steht die Aufbereitung des erfassten Formulares im Mittelpunkt. Dabei wird ermöglicht, das erfasste Formular weiterzuverarbeiten oder zu archivieren. Bei diesem Vorgang können zwei Formen der Erfassung unterschieden werden. Bei der manuell erzeugten und erfassten Information werden materielle (Papierdokumente) oder inmaterielle Informationsträger (E-Mails, digitalisierte Sprache, Videos) durch den Menschen erfasst. Bei der maschinell erzeugten und automatisch erfassten Information werden elektronische Dokumente wie z.b. XML Dateien durch Fachanwendungssysteme erfasst und anschließend verarbeitet.[27]

Nach der Erfassung des Dokumentes erfolgt die Aufbereitung oder auch Indexing. Das Indexing beschreibt die manuelle Indezierung, die bei der „Manage"-Komponente eine Verwaltung und den anschließenden Zugriff ermöglicht. Die Erstellung von Profilen (Input Designs) kann automatisch und manuell durchgeführt werden. Ein Beispiel für Input Desings ist die Beschreibung von Dokumentenklassen durch die Anzahl der Indexwerte. Bei der Categorization erfolgt eine automatische Klassifikation oder eine Einteilung in Kategorien.[28]

---

[24] vgl. Kampffmeyer, a.a.O., S. 24

[25] ebenda, S. 24

[26] vgl. Kramer, A., Das papierarme Büro, in: c´t, 2 (2006), S. 174-179, S. 175

[27] vgl. Kampffmeyer, a.a.O., S. 17

[28] ebenda S. 19

3.1.7. Manage

Durch die Aufbereitung der Informationen in der „Capture" Komponente, wird nun in der „Manage" Komponente eine Verwaltung und Bearbeitung sowie eine Nutzung im ECMS ermöglicht. Dabei werden die Informationen in der Datenbank zur Verwaltung und zum Zugriff durch die nutzungsberechtigten User abgelegt. Neben der Datenbank ist ein weiterer wichtiger Punkt das eben angesprochene Berechtigungssystem.[29]

Die „Manage" Komponente verbindet nun redundanzfrei, standardisiert sowie auf sichere Weise die bereits erwähnten Komponenten (siehe 3.1 Aufgabe).

3.1.8. Store

Die „Store" Komponente hat im ECMS die Aufgabe der kurzfristigen Speicherung von nicht archivierungswürdigem Content. Dabei kann eine weitere Einteilung nach Speicherorten (Repositories), der Verwaltung (Library Services) und den Speichertechnologien (Technologies) vorgenommen werden.[30]

3.1.9. Preserve

Im Gegensatz zur „Store" Komponente, dient die „Preserve" Komponente der langfristigen Speicherung. Dabei wird der Content statisch und unveränderbar auf Datenträgern abgelegt. Bei der langfristigen Speicherung kommt auch das Records Management – also die Verwaltungssoftware, Imaging oder Document Management sowie die Library Services zum Einsatz. Die physische Speicherung ist auf verschiedenen Datenträger wie etwa Magnetbänder, CD´s, DVD´s, Papier etc. denkbar.[31]

3.1.10.   Deliver

Die „Deliver" Komponente dient der Bereitstellung und Ausgabe des Contents, der bereits die „Manage", „Store" und „Preserve" Komponenten durchlaufen hat. Dabei kann der Content jedoch auch für die „Store" und „Preserve" Komponente nochmals bereitgestellt werden. Das ist beispielsweise der Fall, wenn die Informationen konvertiert, formatiert oder komprimiert werden.[32]

---

[29] vgl. Kampffmeyer, a.a.O., S. 20

[30] ebenda, S. 24

[31] ebenda, S. 27

[32] vgl. Kampffmeyer, a.a.O., S. 29

Die Komponente unterteilt sich in drei wichtige Funktionsgruppen. Die erste Gruppe ist „Transformation Technologies" und hat im ECMS die Aufgabe, dem Bezieher des Inhaltes den Content verlustfrei, kontrolliert und nachvollziehbar zu übergeben. Dies kann beispielsweise durch Erzeugung einer PDF durch einen entsprechenden Konverter und Viewer erfolgen.[33]

Die Security Technologies, dienen insbesondere in Form von z.B. elektronischen Signaturen allen Komponenten eines ECMS. Insbesondere im Bereich des elektronischen Rechts ist diese Funktionsgruppe bedeutend.[34]

Zur Distribution des Contents bieten sich im Internet, Intranet und Extranet verschiedene Möglichkeiten, die in der nachstehenden Abbildung aufgeführt sind. Die Datenübermittlung erfolgt mit der Metasprache XML oder EDI.

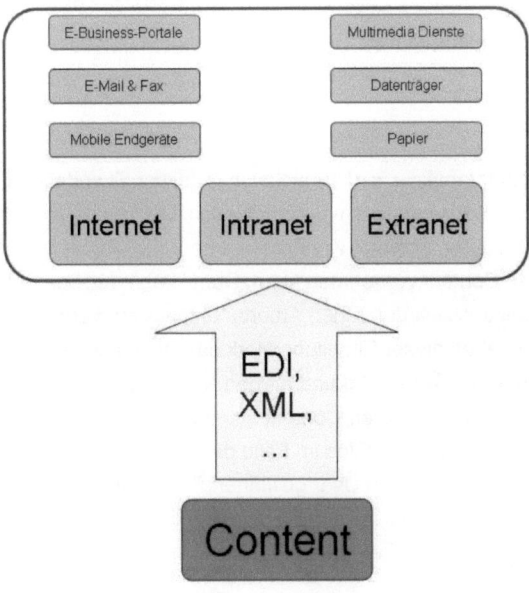

Abbildung 3: Möglichkeiten der Distribution

---

[33] vgl. Kampffmeyer, a.a.O., S. 30

[34] ebenda, S 31

3.2.   Einführung des Systems

Die Einführung eines ECMS hat sehr viele Parallelen mit der Einführung von inte-
grierter Standardsoftware. Die einzelnen Schritte zur Einführung werden im Folgen-
den genauer beschrieben.

3.2.1. Analyse der eigenen Situation

Der erste Schritt ist die Analyse der eigenen Situation und der eigenen Bedürfnisse,
die ein ECMS erforderlich macht.[35]
Hier läßt sich eine Einteilung in die

- Contentanalyse
- Prozessanalyse und
- Infrastrukturanalyse

vornehmen.[36]

Bei der Contentanalyse wird zunächst in redaktionell erstellter Content und in Content aus dem Backendsystem unterschieden. Der redaktionell entstandene Content
wird durch Autoren erzeugt, wobei man eine Einteilung in zyklischen oder ereignis-
gesteuerten Content vornehmen kann. Dabei kann der Content entweder ganz neu
erzeugt oder lediglich durch den Autoren aktualisiert werden. In der praktischen Um-
setzung ist neben dieser Einteilung stark darauf zu achten, dass der Content auch
wirklich sinnvoll gewählt wird und für den Nutzer verwertbar ist. Rückschlüsse lassen
sich beispielsweise bei Web Content aus den Log-Files des Webservers ziehen. Informationen aus den Log-Files im Falle des WCM lassen sich jedoch erst nach Re-
launch und Nutzung durch User gewinnen.[37] Bei der Logfile-Analyse lassen sich also
Nutzerverhalten rekonstruieren und dokumentieren und daraus Entscheidungsmög-
lichkeiten für künftigen Content ableiten.[38]

---

[35] vgl. Bullinger, H.J. et al., Content Management Systeme, in Wirtschaftswoche, Düsseldorf, 4. Auflage, 2001,
S. 20

[36] vgl. Bullinger, et al., a.a.O., S. 21

[37] ebenda S. 23

[38] vgl. Entwicklung und Test einer logfilebasierten Metrik zur Analyse von Website Entries
am Beispiel einer akademischen Universitäts-Website,
http://www.ib.hu-berlin.de/~mayr/magisterarbeit/index.html, Stand 16.04.2006

Bei der Prozessanalyse werden die Prozessbeteiligten in einem Interview befragt, wobei auf eine hohe Sozialkompetenz und Erfahrung bei der Durchführung der strukturierten Befragung durch den Interviewer zu achten ist. Die Prozesskette wird anschließend durch ein prozessvisualisierendes Softwaretool erstellt und abgebildet, wobei auch eine schriftliche Dokumentation erzeugt wird. Die Prozessanalyse bildet den momentanen Istzustand ab.

Im Anschluss beschäftigt sich die Infrastrukturanalyse aus der schon zum Teil aus der Prozessanalyse abgeleiteten Betrachtung der technischen Infrastruktur. Die Infrastrukturanalyse soll Fragen in Bezug auf das Datenbanksystem, Betriebssystem, der eingesetzten Hardware und der bereits eingesetzten Middleware klären[39], die eine einheitliche Schnittstelle zwischen den Anwendungen und Betriebs- sowie Datenbanksystemen bildet. Außerdem müssen eine evtl. bestehende Benutzerverwaltung und bestehende Sicherheitssysteme berücksichtig werden. In der Praxis ist darauf zu achten, dass die Hersteller der ECMS die eigene Hardware und das bestehende Betriebssystem unterstützen.[40]

3.2.2. Erstellung des Pflichtenheftes

Nachdem die Analysephase abgeschlossen ist, muss im Anschluss das Pflichtenheft erstellt werden, damit betriebswirtschaftliche und technische Anforderungen enstprechend dokumentiert und alle Beteiligten vor vermeidbaren Fehlschlägen und Überraschungen geschützt werden. Das Pflichtenheft stellt alle Anforderungen in schriftlicher und systematischer Form dar und bietet in den nachfolgenden Phasen eine Leitlinie.[41]

Das Pflichtenheft sollte zu Beginn in der Einleitung die Ziele erläutern, die mit Einführung des ECMS erreicht werden sollen. Ausserdem erfolgt eine kurze Beschreibung des eigenen Unternehmens, um den eigenen Standpunkt zu verdeutlichen. Es sollten auch Hinweise zum Pflichtenheft und zum Projektbeginn aufgeführt werden. Im zweiten Abschnitt werden die Inhalte und Abläufe beschrieben, sowie Anforderungen durch entsprechende Prozessunterstützungen sowie an das Workflow-System gestellt. Außerdem ist in diesem Abschnitt auch die Software zur Verwaltung der Daten entsprechend zu beachten. Im dritten Abschnitt sollten die funktionalen Anforderungen aufgeführt und mit dem System des Herstellers gegenübergestellt

---

[39] vgl. Bullinger, et al., a.a.O., S 26

[40] ebenda, S. 26

[41] vgl. Abts, et al., a.a.O., S. 278

werden. Im letzten Abschnitt müssen alle Informationen aufgeführt werden, die nach der Implementierung des Systems auftreten. Das sind Produktservice, die Preiskonditionen, die sich also im eigentlichen Lizensierungsmodell wieder finden, sowie die Realisierungspartner, die an der Projektplanung beteiligt sind.[42]

3.2.3. Bewertung und Auswahl der Anbieter

Anhand des beschriebenen Pflichtenheftes kann bereits eine grobe Auswahl an möglichen Herstellern getroffen werden. Hersteller, die z.b. nicht das bereits eingesetzte Betriebssystem oder die Datenbank unterstützen, fallen aus der Auswahl heraus. Die verbleibenden Hersteller erhalten nun ein spezielles Pflichtenheft, das von ihnen ausgefüllt und zurückgesandt wird. Das Bearbeiten des Pflichtenheftes ist zeit- und arbeitsintensiv und muss vom Hersteller sorgfältig erledigt werden. Bei der Auswertung des Pflichtenheftes sind formale neben den inhaltlichen Kriterien zu bewerten. So sollte z.b. die pünktliche Rücksendung und der Zustand des Pflichtenheftes mit in die Bewertung einbezogen werden, da solche unscheinbaren Faktoren in vielen Fällen Rückschlüsse auf den Hersteller zulassen. Bei der inhaltlichen Bewertung sollten mindestens zwei Personen beteiligt sein, da eine subjektive Interpretation wohl bei jeder Auswertung des Herstellerpflichtenheftes vorliegt.[43]

Nachdem eine engere Auswahl getroffen wurde, sollte nun eine Herstellerpräsentation oder eine Szenariopräsentation durchgeführt werden. Die Szenariopräsentation hat gegenüber der Herstellerpräsentation den Vorteil, dass das Produkt unter realistischen Bedingungen von der Projektgruppe selbst getestet werden kann. Bei dieser Präsentationsform kommt es nicht auf das Layout – also der optischen Anpassung der Oberfläche sondern auf die Funktionalität an. Bei der Szenariopräsentation sollten alle am Projekt beteiligten Mitarbeiter mitwirken und das System auch in Konfliktsituationen testen - es sollte also eine möglichst aussagekräftige Situation simuliert werden. Die Bewertung erfolgt ebenfalls nach der Systematik des Pflichtenheftes, damit eine spätere Beurteilung möglichst nachvollziehbar ist. Zur Endauswahl sollten die Präsentationsprotokolle in der Projektgruppe ausgewertet und eine Entscheidung über das zukünftige Projekt getroffen werden.[44]

---

[42] vgl. Bullinger, et al., a.a.O., S 27

[43] ebenda, S. 33

[44] ebenda, S. 34

3.2.4. Vertragsabschluss

Wie im gesamten Auswahlprozess, muss auch beim Vertragsabschluss sehr sorgfältig vorgegangen werden. So sind alle Einzelheiten, die die Unterstützung bei der Systemeinführung betreffen, zu bedenken. Außerdem müssen Supportleistungen beim Systembetrieb genau bedacht und ausgehandelt werden.[45] Bei unbedachten Handlungen können schnell immense Kosten auf das Unternehmen zukommen, die evtl. vermeidbar gewesen wären.

3.3. Funktionsabläufe

Das nachfolgende Schaubild zeigt die Funktionen des Informationssystems in einem ECMS. Dabei sollen im Weiteren die an den Abläufen beteiligten Elemente näher erläutert werden.

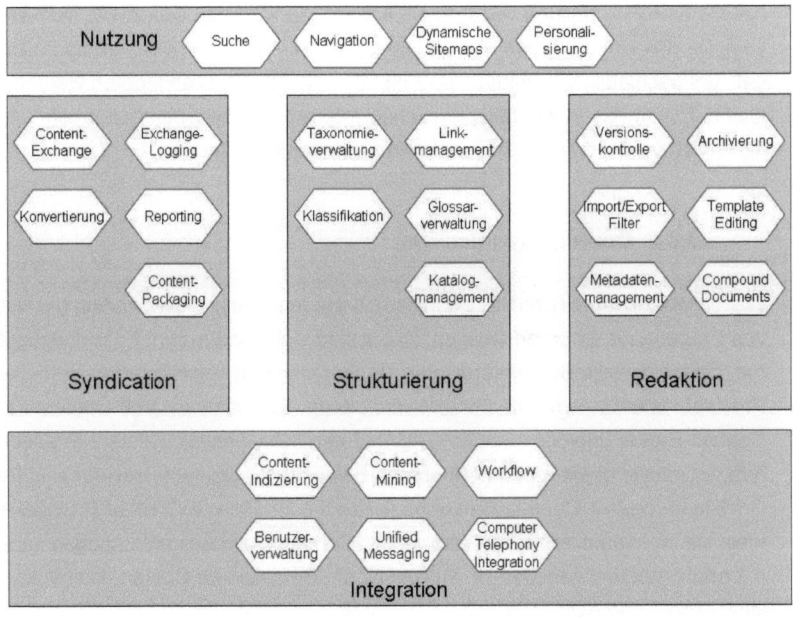

Abbildung 4: IS-Funktionen im ECMS[46]

---

[45] vgl. Bullinger, et al, a.a.O., S. 37

[46] vgl. Christ, a.a.O., S. 94

3.3.1. Content-Nutzung

Der eigentliche Sinn und Zweck eines ECMS liegt u.a. in der effektiven Nutzung von Content. Dabei stellen die Nutzer entweder die eigenen Mitarbeiter auf interner Ebene dar oder die Kunden und Geschäftspartner auf externer Ebene. Außerdem stellt die Nutzung die Schnittstelle zwischen Anwender und Unternehmen dar. Mit Hilfe dieser Schnittstelle kann das Unternehmen auch vom Nutzer Informationen erhalten. Webformulare, Chatrooms, Communities und Call-Back-Buttons sind Möglichkeiten des Austausches von Content. Das Auslösen des Call-Back-Buttons durch den Kunden benachrichtigt beispielsweise das Call-Center und stellt die benötigten Daten des Kunden bereit. Die Personalisierung gewährleistet die richtige Content-Bereitstellung und liefert dem Nutzer in der gewünschten Darstellungsweise den benötigten Content. Anhand dieser Personalisierung wird der korrekte Bestand an Content transparent gemacht und Doppelerfassungen oder fehlerhafte Entscheidungen vermieden. Auch der Zugriffskanal wird von der Personalisierung tangiert. Denkbare Kanäle für die Verteilung von Content können Handy, PDA oder auch Webseiten sein. Da das Unternehmen über unterschiedliche Nutzergruppen verfügt, müssen evtl. unterschiedliche Navigationsstrukturen und Sitemaps angeboten werden. So sind die Sichtweisen von beispielsweise Lieferant und Sachbearbeiter sehr unterschiedlich und verlangen personalisierte Nutzungsoberflächen.[47]

3.3.2. Content-Syndication

Wie bereits erwähnt (siehe 2. Definition), bedeutet Content-Syndication die Nutzung von Content aus externen Quellen. Dabei sind viele Inhalte zum Fremdbezug denkbar, beispielsweise Börsenkurse oder Nachrichten von spezialisierten Content-Providern wie Reuters. Der Content wird bei der Syndication durch Content-Provider, Content-Broker und/oder Content-Distributoren bereitgestellt. Content Provider liefern die Inhalte direkt an den Abnehmer. Beispiele für Content-Provider sind Reuters, Onvista und eBay. Content Broker beziehen die Inhalte von Content-Provider, sammeln sie und verkaufen die Inhalte weiter. Content Distributoren hingegen sammeln Informationen und verteilen sie an die Nutzer. Beispiele für Content-Distributoren sind Yahoo! und AOL. [48]

Bei der Syndicationsfunktion stellt der Content Exchange die Basisfunktion da und ermöglicht eine Übertragung des Content durch Formate wie ICE und RSS. Die

---

[47] vgl. Christ, a.a.O., S. 94

[48] ebenda, S. 115

Konvertierung kann im Anschluss durch Filter in die unternehmensspezifischen Formate wie DTD oder PDF erfolgen. Die Distribution des fremdbezogenen Contents erfolgt durch die Zusammenstellung von gleichartigen Inhalten mit Hilfe von vordefinierten Kategorien (Content Packaging). Um den Austausch von Content zu dokumentieren findet das Exchange Logging statt. Dabei werden die aufgezeichneten Log-Files entsprechend analysiert und auf Auffälligkeiten geprüft.[49]

3.3.3. Content-Strukturierung

Bei der Nutzung des Content hat der Benutzer die Möglichkeit durch das System entsprechend zu navigieren oder gezielt nach dem Content mittels Suchabfragen zu suchen. Dabei unterscheiden sich beide Formen in dem Punkt, dass Suchabfragen in natürlicher Sprache und evtl. mittels Operatoren „und", „oder" sowie „nicht" formuliert werden können. Bei der Navigation wird das System mittels „Discovery Engine" durchsucht und anschließend eine Begriffshierarchie anhand von Zusammenhängen erstellt.[50]

Die Taxonomieverwaltung hat bei der Strukturierung die Aufgabe, Ordnungssysteme aufzubauen und zu pflegen. Durch die Klassifikationen wird nun die Erstellung einer Hierarchie ermöglicht, bei der der Content in immer genauer gegliederte Klassen unterteilt wird. Dabei wird die Klassifikation softwaregestützt und mittels der Metadaten erstellt. Das Linkmanagement gewährleistet die Richtigkeit und die Wiederspruchsfreiheit bei Hyperlinks. Dabei prüft das ECMS jedoch nur die korrekte Verlinkung auf den entsprechenden Content, jedoch nicht die korrekten inhaltlichen Zusammenhänge. Im Zusammenhang mit dem Taxonomiemanagement hat das Glossar die Aufgabe, die genormten Begriffe zu visualisieren und anhand von Begriffslandkarten entsprechend darzustellen.[51]

Das Katalogmanagement ermöglicht die Vernetzung mit anderen Unternehmen durch einheitliche Produktbeschreibungen, sowie standardisierten Produktklassifikationen.[52]

---

[49] vgl. Christ, a.a.O., S. 216

[50] ebenda, S. 124

[51] ebenda, S. 217

[52] ebenda, S. 218

3.3.4. Content-Redaktion

In der Content Redaktion werden die Inhalte generiert, integriert und verwaltet. Unterstützend helfen Dokumentenmanagement, Workflow- und Archivierungssysteme bei der Erstellung sowie Pflege und Archivierung des erzeugten Contents. Man kann in der Content-Rekaktion verschiedene Quellen der Inhalte unterscheiden. So kann Content redaktionell erstellt sein, d.h. er wurde im Unternehmen erstellt. Beispielsweise sind FAQ Verzeichnisse solche redaktionell erstellten Contents. Darüber hinaus gibt es den Content aus den internen Backend-Systemen, z.B. Kundendaten und Bestellfinformationen. Neben dem Content aus internen Backend-Systemen kann der Content auch aus Backend-Systemen von Geschäftspartnern stammen. Ein Beispiel für diesen Content sind Produktinformationen. Syndizierter Content von Content-Providern oder Content Brokern ist Content von professionellen Anbietern, die die Inhalte verteilen. Ein Beispiel hierfür ist der Bezug von Börseninformationen.[53]

Das Versionsmanagement innerhalb der Redaktion dient der Rekonstruktion des Entstehungsprozesses. Falls es sich um externen Content handelt, dient der Import- bzw Export-Filter der Übernahme in das ECMS und transformiert das betreffende Dokument in die unternehemsspezifischen Formate. Die Compound-Documents sind Teilobjekte im Gesamtdokument und erlauben die Anpassung und Zusammenstellung der Inhalte an den entsprechenden Nutzer.[54]

Bei der Erstellung von Inhalten durchläuft der Content einen Lebenszyklus. Die Darstellung des Content-Lifecycle beschreibt nur die redaktionellen Vorgänge, nicht die Vorgänge der Nutzung und Verteilung.

---

[53] vgl. Christ, a.a.O., S. 100

[54] ebenda, S. 218

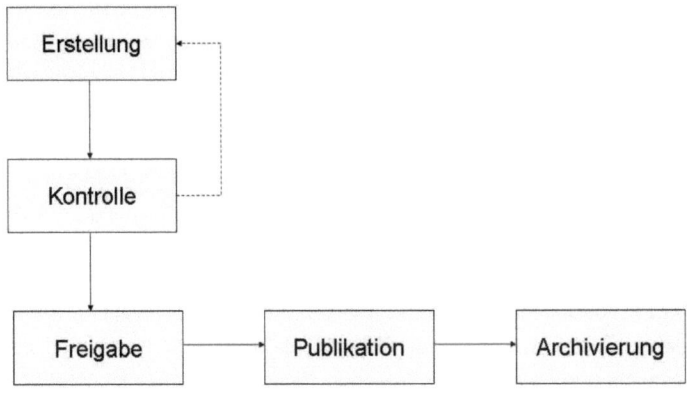

Abbildung 5: Content-Life-Cycle[55]

Die Redakteure des ECMS erstellen in der ersten Phase den Inhalt durch entsprechende Office-Anwendungen oder andere Applikationen. Ausserdem werden zu dem erstellten Dokument Metadaten hinzugefügt, die das Erstellungsdatum und Schlagworte enthalten. Der erstellte Content kann nun mit Hilfe des Dokumentenmanagements zentral gespeichert werden, wobei andere Beteiligte Zugriff auf den Content haben, um ihn weiter zu bearbeiten. Bei diesem Vorgang ensteht Redundanzfreiheit und beschleunigte Redaktionsprozesse. Bei der Kontrolle erfolgt die Qualitätssicherung durch andere Redakteure oder die entsprechend involvierte Abteilung. Wenn ein Fehler bei der Qualitätskontrolle bemerkt wurde, kann der Content zurück an den Verantwortlichen übergeben werden. Bei bestandener Qualitätskontrolle wird der Content freigegeben und publiziert, also den Nutzern zugänglich gemacht. Die Archivierung erfolgt bei erreichtem Verfallsdatum und wird durch die Metadaten identifiziert. Eine Archivierung des Content, die die Metadaten einschließen, sollte aufgrund der eventuellen späteren Einsichtnahme erfolgen.[56]

3.3.5. Content-Integration

Ein Teil der Content Integration stellt die Content Indizierung dar. Mit Hilfe der Indizierung werden Stichworte (bei Dokumenten) oder Informationen (bei Bilder, Filmen

---

[55] vgl. Christ, a.a.O., S. 104

[56] ebenda, S. 103

etc.) aus dem Content extrahiert und im Zusammenhang mit dem Wissensmanagement in einem Index zusammengefügt. Dieser gewonnene Index dient bei der Nutzung zur Auffindung von Content über die eingegebenen Stichworte. Bei Einsatz von Content Mining hingegen wird der Content durchsucht und über die Metadaten strukturiert. Die Benutzerverwaltung erlaubt die Verwaltung von Nutzerinformationen sowie das Festlegen von Zugriffsrechten und Gruppenzugehörigkeiten. Zur Kommunikation dient das Unified Messaging Center im ECMS. Dabei kann der Benutzer verschiedene Kommunikationsmedien wie E-Mail, Fax und Voice-Messaging-Systeme nutzen. Der Vorteil eines solchen Systems ist die Ortsunabhängigkeit und die direkte Konvertierung der Nachrichten in das ECMS.Eine weitere Ausprägung stellt die Computer Telephony Integration dar. Mit diesem System soll zum einen die Zuordnung von Anrufen an die Arbeitsstationen über das LAN gewährleistet werden, zum anderen stellt es dem Benutzer wichtige Telefoniefunktionen bereit. Das Unified Messaging und die Computer Telephony Integration dienen innerhalb des ECMS hauptsächlich dem Feedback Management.[57]

---

[57] vgl. Christ, a.a.O., S. 220

4. Einsatzgebiete

Das Angebot an ECM Lösungen hat sich in den vergangenen Jahren sehr stark entwickelt und hat sehr viele spezialisierte ECMS für verschiedene Problemlösungen für Unternehmen ausgeprägt. Die Grenzen zu anderen Softwarelösungen wie z.B. Dokumentenmanagementsystemen sind fließend, da ECMS ein sehr großes Spektrum an Funktionen bieten (siehe 3.1 Aufgabe).

4.1. Ausprägungen von ECMS

Eine wichtige Aufgabe bei ECMS ist die Funktionalität des Dokumentenmanagementsystems. Die Firma ECM$^{2®}$[58] bietet die Software Documentum an, die das Dokumententmanagement um die Erweiterung der Verwaltung von Webdokumenten bereichert. Ein weiterer Anbieter für diesen Bereich der Dokumentenmanagementspezialisierung ist die Firma FileNet$^®$[59] mit der gleichnamigen Software, die für viele Branchen diesen Bereich der Softwarelösungen anbietet.[60]

Eine weitere Ausprägung sind die Anbieter innerhalb der ECMS für den Aufbau von Internet- bzw. Intranetportalen. Der Hersteller Hummingbird$^®$ bietet die spezialisierte ECMS für viele Branchen und auch für die Regierungen an, beispielsweise den Vereinigten Staaten von Amerika sowie der Regierung von Kanada[61]. Weitere Hersteller dieser Portallösungen sind die Hersteller Pirobase$^®$ und Broadvision$^®$. Auch der Hersteller Broadvision$^®$[62] bietet ein breites Spektrum zum Einsatz der Software in z.B. Finanz-, Gesundheits-, Verkaufs- und Kommunikations- und produzierenden Unternehmen sowie den Regierungen an.[63]

Des Weiteren gibt es noch die Datenbanksysteme der Firmen Poet$^®$ und Software AG$^®$, die sich auf die Verwaltung[64] schwach strukturierter Informationen spezialisiert haben. Content erlaubt eine Dreiteilung in strukturierter Content, schwach strukturierter Content und unstrukturierter Content. Strukturierter Content sind beispielsweise formatierte Datensätze aus einer Datenbank, schwach strukturierter Content sind

---

[58] vgl. EMC$^®$ Software Homepage, http://software.emc.com/, Stand 17.04.2006

[59] vgl. Filenet$^®$, http://www.filenet.com/Deutsch/, Stand 17.04.2006

[60] vgl. Christ, a.a.O., S. 140

[61] vgl. Hummingbird$^®$ Ltd, http://www.hummingbird.com/industries/index.html, Stand 17.04.2006

[62] vgl. BroadVision$^®$, http://www.broadvision.com/, Stand 17.04.2006

[63] vgl. Christ, a.a.O., S. 140

[64] ebenda, S. 140

z.B. Textverarbeitungsdateien die Meta-Daten enthalten, jedoch nicht standardisiert sind und unstrukturierter Content sind Bilder, Video oder Sprachdateien die keine Trennung von Inhalt, Layout und Metadaten erlauben.[65]

Ein weiterer spezialisierter Aufgabenbereich von ECMS ist der Einsatz von WCM, welches eine Verwaltung der Internetpräsenz ermöglicht sowie das Dokumentenmanagement und den Workflow miteinander verbindet. Diese Ausrichtung wird auch als Web-Publishing bezeichnet. Anbieter dieser Lösungen sind Allaire® und NetObjects®.[66]

ECMS bietet aufgrund der Ausrichtung auf Content eine intensive Ausrichtung auf das Redaktionssystem von beispielsweise Nachrichtenagenturen und Medienunternehmen. Hersteller solcher Systeme sind Vignette® und Interwoven®. Vignette® bietet jedoch auch weitere ECMS Lösungen an und hat namhafte Geschäftspartner wie HP®[67].[68]

4.2. Wichtige ECMS

Aufgrund des bereits sehr großen Marktes für ECMS sollen an dieser Stelle nur beispielhaft zwei wichtige Hersteller und ihre Softwarelösungen erläutert werden. Eine Beschreibung aller Produkte würde den Rahmen dieser Hausarbeit sprengen. Der interessierte Leser sei daher auf die Produktübersichtsseite www.contentmanager.de verwiesen.

4.2.1. SAP®

Das Produkt der SAP® trägt den Namen SAP® NetWeaver und verbindet als Wissensportal Internetstandards, nicht-SAP-Funktionen (z.B. Data-Warehouses) sowie Funktionen aus mySAP.com®. Dabei teilt das SAP® Portal den Benutzern entsprechende Rollen zu. Im System wird also nach Key Account Manager, Einkäufer und Sachbearbeiter unterschieden und der Berechtigungsgrad für Zugriffe und Funktionen zugewiesen. Mit Hilfe des SAP® iViews können über einfache Sammlungen von Content-Clustern aus heterogenen Applikationen die SAP®-Funktionen mit Fremdanwendungen kombiniert werden. Die Portalseite selbst ist frei konfigurierbar.

---

[65] vgl. Kampffmeyer, a.a.O., S. 6

[66] vgl. Christ, a.a.O., S. 140

[67] vgl. Vignette®, http://www.vignette.com/de/de/customers/1,7148,,00.html, Stand 17.04.2006

[68] vgl. Christ, a.a.O., S. 140

Durch die starke Ausrichtung auf mySAP® kommt der Einsatz des SAP® NetWeaver-Portals besonders für Unternehmen in Betracht, die bereits mit mySAP arbeiten.[69]

4.2.2. Vignette®

Der Hersteller Vignette® deckt unter dem Oberbegriff V7 eine Reihe von Unterprodukten wie Vignette® Content Management, Application Portal, Application Builder, Dialog eine Reihe spezialisierter Funktionen als ECMS Lösung mit der Gesamtausrichtung auf Portale ab. Das Produkt Content Management dient zur Erstellung, Verwaltung und Veröffentlichung von Content im webbasierten Sinne. Zur Verwaltung eines einzigen Portalnetzwerkes wird das Programm Application Portal angeboten. Dieses Programm bietet eine Vielzahl von Templates wie Massaging, eine gemeinsame Kalenderverwaltung, Kundendatenverwaltung und darüber hinaus viele weitere Funktionen[70]. Um die betrieblichen Applikationen an die wechselnden Bedingungen im Portal anzupassen, bietet Vignette® den Application Builder an. Das Produkt Dialog hingegen übernimmt den automatisierten Aufbau von Kundenbeziehungen im Rahmen des Marketing und Kunden-Service[71]. Neben diesen Produkten gibt es noch eine Vielzahl weiterer und ergänzender Produkte von Vignette®, die hier aufgrund des Umfangs nicht weiter erläutert werden.[72]

4.3.   Einführungskosten und Folgekosten

Bei der Einführung von ECMS entstehen für eine durchschnittliche Softwarelösung bereits erhebliche Kosten. Aus diesem Grunde ist die Einführung solcher ECMS gründlich, strukturiert und durchdacht vorzunehmen (siehe 3.2 Einführung des Systems).[73]

Die Einführungskosten für solch eine durchschnittliche Softwarelösung wurden durch eine Studie der Gartner Group auf ca. $ 32.000 beziffert. Nach der Einführung wurden Folgekosten von $ 500.000 bis $ 1.000.000 ermittelt. Durch die Veränderungen bei der Organisation und bei technischen Vorgängen können jedoch noch weitere

---

[69] vgl. Christ, a.a.O., S. 164

[70] vgl. Vignette®, Datasheet: Portlet Functionality for Vignette Application Portal and Application Templates for Vignette Application Builder,‘ http://www.vignette.com/contentmanagement/0,2097,1-1-1925-3978-186-1258,00.html, Stand 17.04.2006

[71] vgl. Vignette®, Datasheet: Vignette Dialog,‘ http://www.vignette.com/contentmanagement/0,2097,1-1-1925-3978-186-1258,00.html, Stand 17.04.2006

[72] vgl. Vignette® Products,http://www.vignette.com/de/de/products/1,7150,,00.html, Stand 17.04.2006

[73] vgl. Christ, a.a.O., S. 69

Kosten auf das Unternehmen zukommen. Solche Kosten können im Detail durch kurzfristige Produktivitätsabfälle entstehen.[74]

Eine Aufstellung der Basis-Kosten für Content-Management gibt John P. Dalton in seiner Studie:

Investment	Typ	Kosten	Verkäufer
Content Management Software	Lizenz	$ 250.000	Vignette, Documentum, Interwoven
Professional Services	Einführung Training	$ 180.000 $ 3.000	Softwareexperten wie Sapient, IBM Global Services
Terminologiemanagement	Vokabular und Taxonomie	$ 200.000	Requisite, SAQQARA, Metacode (Interwoven)
Gesamtsumme		**$ 633.000**	

Abbildung 6: Basiskosten[75]

Die Lizenz setzt sich aus der Nutzung von grundlegenden „Store"-Komponenten sowie Workflow- und „Preserve" Komponenten zusammen. Der Einstiegspreise für solche Systeme beträgt $ 100.000. Weitere $ 150.000 bezahlen die Kunden für die „Manage" Komponente, die alle Einheiten miteinander verbindet.[76]

Die Einführungskosten entstehen durch das „Customizing" sowie durch die Installation und das Konfigurieren der Software[77]. Customizing bedeutet in diesem Zusammenhang die Anpassung der Software an die betrieblichen Erfordernisse[78].

Das Terminologiemananagement stellt bei den Basiskosten einen erheblichen Anteil dar. Mit Hilfe des Terminologiemanagements wird ein entsprechendes Fachvokabular erstellt sowie eine Content-Hierarchie abgeleitet.[79]

---

[74] vgl. Christ, a.a.O., S. 69

[75] vgl. Dalton, J.P., Managing Content Hypergrowth, Whitepaper, (2001), (Verfügbar auf http://www.vignette.com/Downloads/FR_MANAGING_CONTENT.pdf), S. 11

[76] ebenda, S. 11

[77] ebenda, S. 11

[78] vgl. Abts, et al., a.a.O., S. 78

4.4.   Potential

Das eigentliche Potential eines ECMS lässt sich nicht durch eine direkt sofort er-
kennbare Größe ableiten. Vielmehr muss berücksichtigt werden, welche Kosten bei
der Unterlassung der Einführung eines ECMS entstanden sind - also welche Unter-
lassungskosten angefallen wären. Hier ein kurzes Praxisbeispiel: Die Firma Sun
Microsystems beklagte fehlende Transparenz und lange Suchen nach den benötigen
Informationen ohne Gebrauch eines ECMS. Ausserdem bestand eine große Unzu-
friedenheit der Nutzer über die ausgegebenen Ergebnisse.[80] Der verantwortliche Pro-
jektleiter errechnete Kosten in Höhe von 10 Millionen US$, die aufgrund dieser In-
konsistenz entstanden sind.

Weiteres Kosteneinsparpotential wird durch die Eliminierung von Medienbrüchen und
Beschleunigung der Redaktionsprozesse zur Bereitstellung des Content erreicht.
Ausserdem besteht ein sehr großer Vorteil in der, von den Mitarbeitern zur Verfügung gestellten Kernkompetenzen. Diese Kernkompetenzen können durch die Trennung von Inhalt und Layout einfacher zur Verfügung gestellt werden und entlasten
die Fachabteilungen. Damit verbessert sich auch die Qualität der bereitgestellten Informationen. Ein weiterer Vorteil ist die einfache Bereitstellung einheitlicher Dokumente mit Hilfe des Systems. Die Konvertierung der Dokumente erfolgt nun nicht
mehr durch den Webmaster sondern durch das ECMS. Durch diese automatisierten
Vorgänge wird auch die Pflege des Systems vermindert. Solche Vereinfachungen
werden besondert in der Dokumentenablage und beim Linkmanagement deutlich.[81]

---

[79] vgl. Dalton, a.a.O. S 11

[80] vgl. Christ, a.a.O., S. 70

[81] ebenda, S. 72

5. Schlussbetrachtungen

Wie sich gezeigt hat, kann beim Enterprise Content Management System nicht von einer einheitlichen Softwarelösung ausgegangen werden. Vielmehr vereint das ECMS eine Vielzahl von Funktionen unter einem Dach und bietet einen hohen Grad an Flexibilität. Das ECMS ist vielmehr ein Schmelztiegel verschiedener organisatorischer und technischer Verfahren, gerade bei den Querschnittssystemen. Wie sich besonders in den letzten Jahren gezeigt hat, ist das ECMS sehr wandlungsfähig und passt sich schnell neuen Trends gerade in der Wirtschaftsinformatik an. Man kann also beim heutigen ECMS eher von einem Konzept oder einer Vision als von einem statischen System reden. Das System bietet für die Unternehmen einen erheblichen Nutzen, der sich nicht unbedingt mit einer sofort sichtbaren Geldsumme ablesen läßt. Vielmehr führt dieses System Internet, Extranet und Intranet zusammen und optimiert die Prozesse rund um das Unternehmen.

Auffällig ist besonders der breit gefächerte Markt für ECMS-Lösungen und die Spezialisierung einiger Hersteller. Sicherlich wird der Markt in den nächsten Jahren mehr und mehr Konturen durch einige große und einflussreichere Anbieter annehmen, wie es ja bereits ansatzweise ist. Die ECMS-Lösungen werden sicherlich auch bald intensiveren Einzug in mittelständische Betriebe nehmen, sobald die großen Nutzenpotenziale erkannt werden.

Stichwortverzeichnis

Literatur- und Quellenverzeichnis

Abts, A. et al.; Grundkurs Wirtschaftsinformatik, in Vieweg, Braunschweig et al., 4. Auflage, 2002

Alpar, P. et al., Anwendungsorientierte Wirtschaftsinformatik, in Vieweg, Wiesbaden, 4. Auflage, 2005

Bullinger, H.J. et al., Content Management Systeme, in Wirtschaftswoche, Düsseldorf, 4. Auflage, 2001

Christ, O., Content-Management in der Praxis, in Springer-Verlag, Berlin, Auflage nicht bekannt, 2003

Zeitschriften

Kramer, A., Das papierarme Büro, in: c't, 2 (2006), S. 174-179

Onlinequellen

AIIM - The Enterprise Content Management Association, http://www.aiim.org/, Stand 26.03.2006

Entwicklung und Test einer logfilebasierten Metrik zur Analyse von Website Entries am Beispiel einer akademischen Universitäts-Website, http://www.ib.hu-berlin.de/~mayr/magisterarbeit/index.html, Stand 16.04.2006

Filenet®, http://www.filenet.com/Deutsch/, Stand 17.04.2006

EMC® Software Homepage, http://software.emc.com/, Stand 17.04.2006

Hummingbird® Ltd, http://www.hummingbird.com/industries/index.html, Stand 17.04.2006

BroadVision®, http://www.broadvision.com/, Stand 17.04.2006

Vignette®, http://www.vignette.com/de/de/customers/1,7148,,00.html, Stand 17.04.2006

Vignette®, Datasheet: Portlet Functionality for Vignette Application Portal and Application Templates for Vignette Application Builder,' http://www.vignette.com/contentmanagement/0,2097,1-1-1925-3978-186-1258,00.html, Stand 17.04.2006

Vignette®, Datasheet: Vignette Dialog,' http://www.vignette.com/contentmanagement/0,2097,1-1-1925-3978-186-1258,00.html, Stand 17.04.2006

Vignette® Products,http://www.vignette.com/de/de/products/1,7150,,00.html, Stand 17.04.2006

Sonstige Quellen

Dalton, J.P., Managing Content Hypergrowth, Whitepaper, (2001), (Verfügbar auf http://www.vignette.com/Downloads/FR_MANAGING_CONTENT.pdf)

Gröner, U.; Integrierte Standardsoftware I; Vorlesungsskript SS2006

Kampffmeyer, U., Enterprise Content Management – zwischen Vision und Realität; Whitepaper, (2003) (Verfügbar auf: http://www.project-consult.net/files/ECM_Whitepaper_20031027.pdf)